Impressum
Verlag: BABADADA GmbH, Nedderfeld 112 , 22529 Hamburg
Geschäftsführer / Verlagsleitung: Harald Hof
Druck: Books on Demand GmbH, In de Tarpen 42, 22848 Norderstedt

Imprint
Publisher: BABADADA GmbH, Nedderfeld 112 , 22529 Hamburg, Germany
Managing Director / Publishing direction: Harald Hof
Print: Books on Demand GmbH, In de Tarpen 42, 22848 Norderstedt

d Schuel

escola

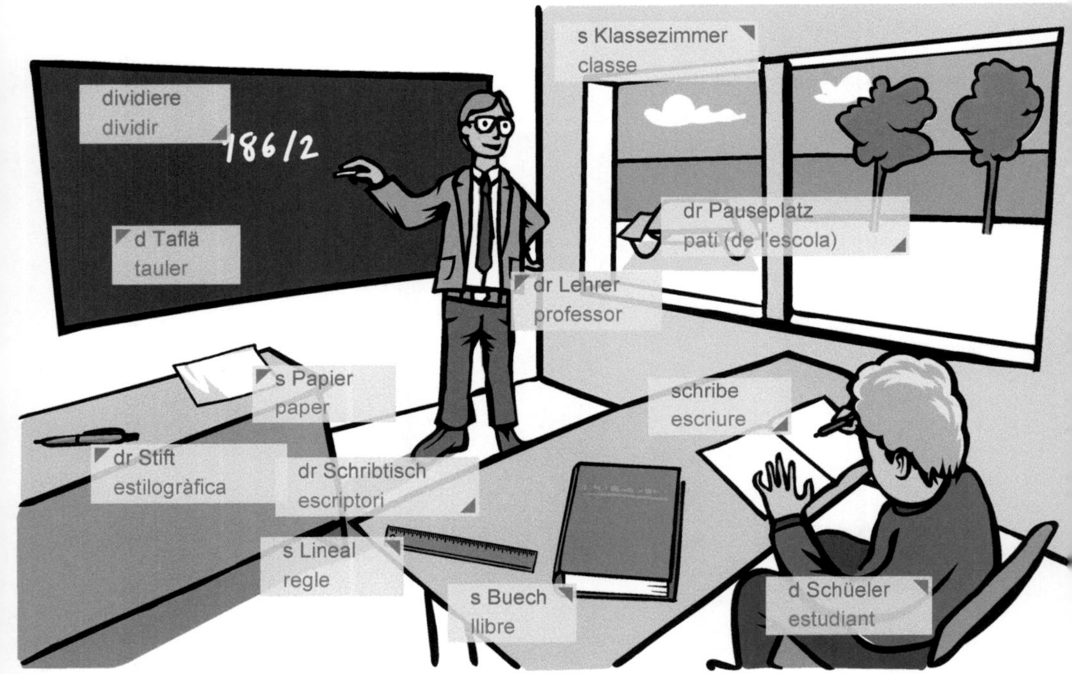
s Klassezimmer
classe
dividiere
dividir
186/2
d Taflä
tauler
dr Pauseplatz
pati (de l'escola)
dr Lehrer
professor
s Papier
paper
schribe
escriure
dr Stift
estilogràfica
dr Schribtisch
escriptori
s Lineal
regle
s Buech
llibre
d Schüeler
estudiant

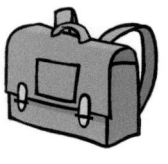

dr Thek

bossa

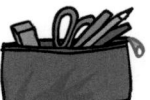

s Etui

estoig

dr Bleistift

llapis

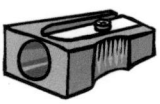

dr Spitzer

maquineta de fer punta

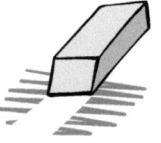

s Radiergummi

goma

dr Zeicheblock

bloc de dibuix

d Zeichnig

dibuix

dr Pinsel

pinzell

dr Malchaschte

capsa de pintures

d Schär

tisores

dr Liim

cola

s Üebigsheft

quadern d'exercicis

d Huusufgabe

deures

d Zahl

nombre

addiere

afegir

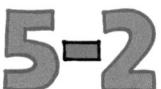

subtrahiere

sostreure

multipliziere

multiplicar

rächne

calcular

dr Buechstabe

lletra

s Alphabet

alfabet

s Wort

mot

dr Text

text

läse

llegir

d Kriide

guix

d Lektion

lliçó

s Klassäbuech

llibre de classe

d Prüefig

examen

s Zügnis

certificat

d Schueluniform

uniforme escolar

d Usbildig

formació

d Enzyklopädie

enciclopèdia

d Universität

universitat

s Mikroskop

microscopi

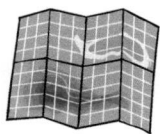

d Charte

mapa

dr Papierchorb

paperera

d Reis
viatge

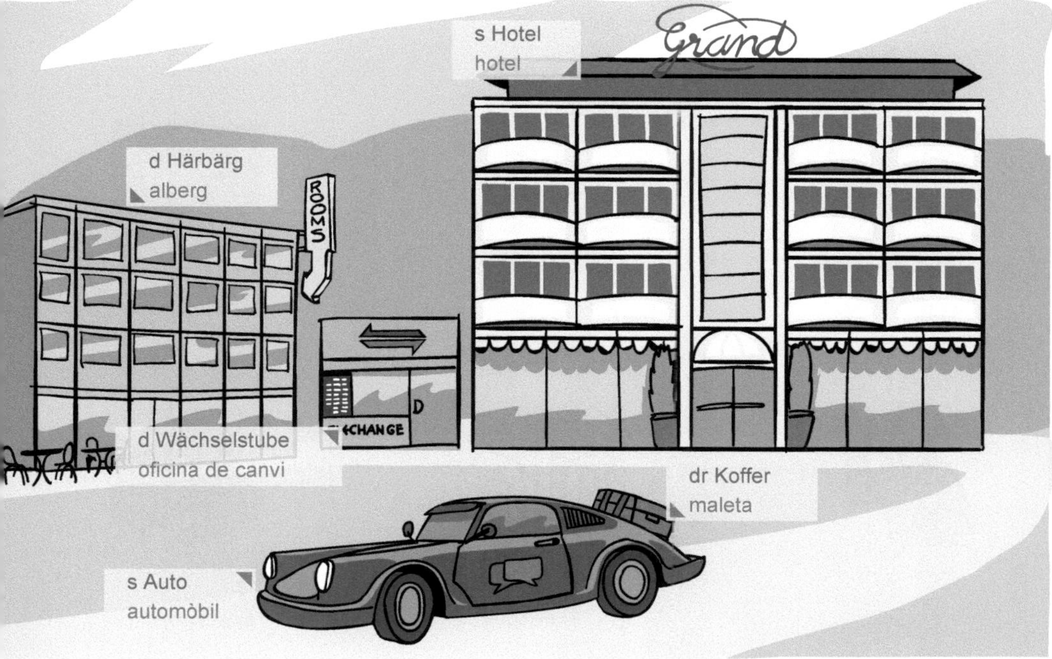
s Hotel
hotel
Grand
d Härbärg
alberg
ROOMS
EXCHANGE
d Wächselstube
oficina de canvi
dr Koffer
maleta
s Auto
automòbil

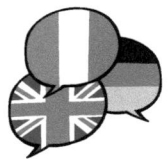

d Sprach

llengua

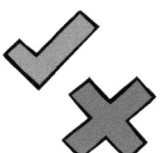

jo / nei

sí / no

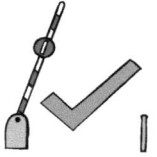

okay

D'acord

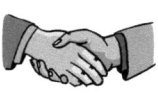

Hallo

Ey!

dr Dolmetscher

traductora

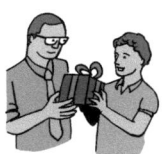

Dankä

gràcies

Was chostet...?

Quant costa... ?

Ich vrstahs nöd

No entenc

s Problem

problema

Guete Abig!

Bona nit!

guete Morgä!

bon dia!

guete Abig!

bona nit!

Uf Wiederseh

fins aviat

d Richtig

direcció

s Bagaasch

bagatge

d Täsche

bossa

dr Rucksack

sarrona

dr Gast

convidat

dr Ruum

cambra

dr Schlafsack

sac de dormir

s Zält

tenda

d Touristeninformation

oficina de turisme

dr Strand

platja

d Kreditkarte

carta de crèdit

s Zmorge

esmorzar

s Zmittag

dinar

s Znacht

sopar

s Billet

bitllet

dr Ufzug

ascensor

d Briefmarke

segell

d Gränze

frontera

dr Zoll

duana

d Botschaft

ambaixada

s Visum

visat

dr Pass

passaport

dr Transport
transport

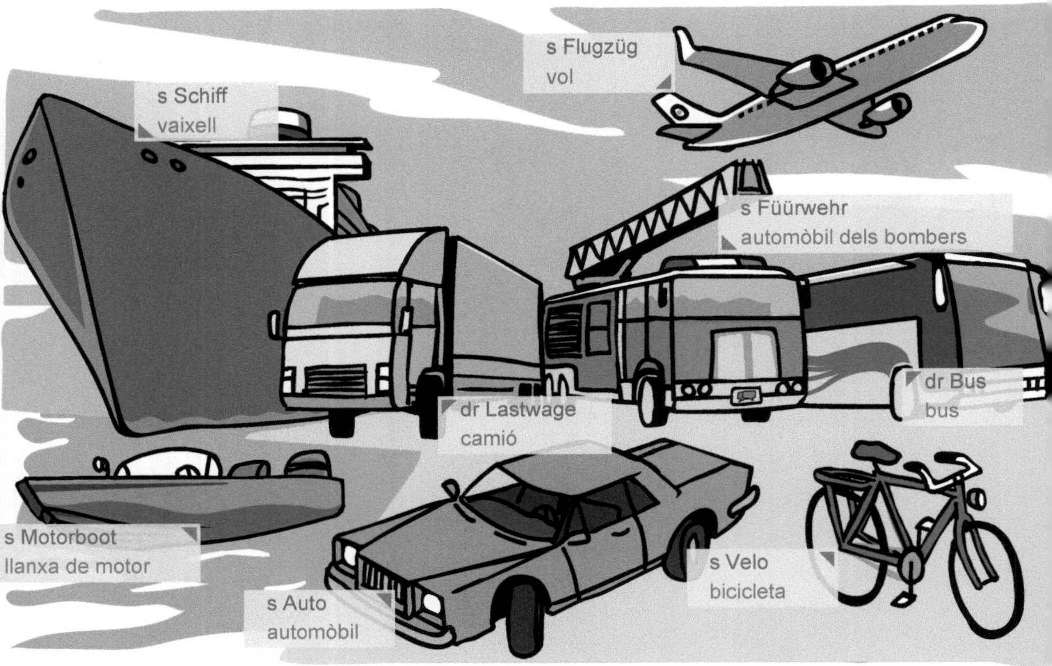

s Flugzüg
vol
s Schiff
vaixell
s Füürwehr
automòbil dels bombers
dr Bus
bus
dr Lastwage
camió
s Motorboot
llanxa de motor
s Velo
bicicleta
s Auto
automòbil

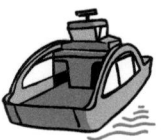

d Fähri

transbordador

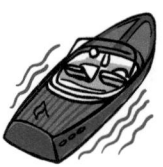

s Boot

barca

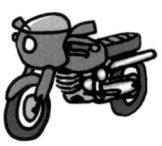

s Töff

moto

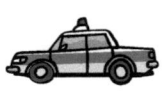

s Polizeiauto

automòbil de policia

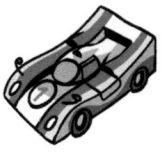

s Rännauto

automòbil de curses

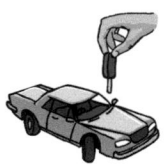

dr Mietwage

automòbil de lloguer

s Carsharing

vehicle compartit

dr Abschleppwage

grua

dr Chübelwage

camió de les escombraries

dr Motor

motor

s Benzin

benzina

d Tankstell

benzineria

s Verkehrsschild

senyal de trànsit

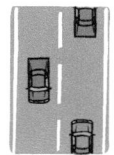

dr Verchehr

trànsit

dr Stau

embús

dr Parkplatz

aparcament

dr Bahnhof

estació de trens

d Schiene

vies

dr Zug

tren

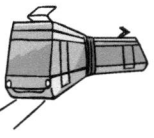

d Strassebahn

tramvia

dr Wagon

vagó

dr Helikopter

helicòpter

dr Flughafe

aeroport

dr Tower

torre

dr Passagier

passatger

dr Container

contenidor

dr Karton

capsa de cartó

dr Chare

carretó

dr Korb

cistella

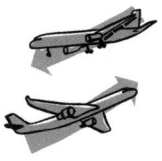

starte / lande

enlairar-se / aterrar

d Stadt

ciutat

s Dorf

poble

s Stadtzentrum

centre de la ciutat

s Huus

casa

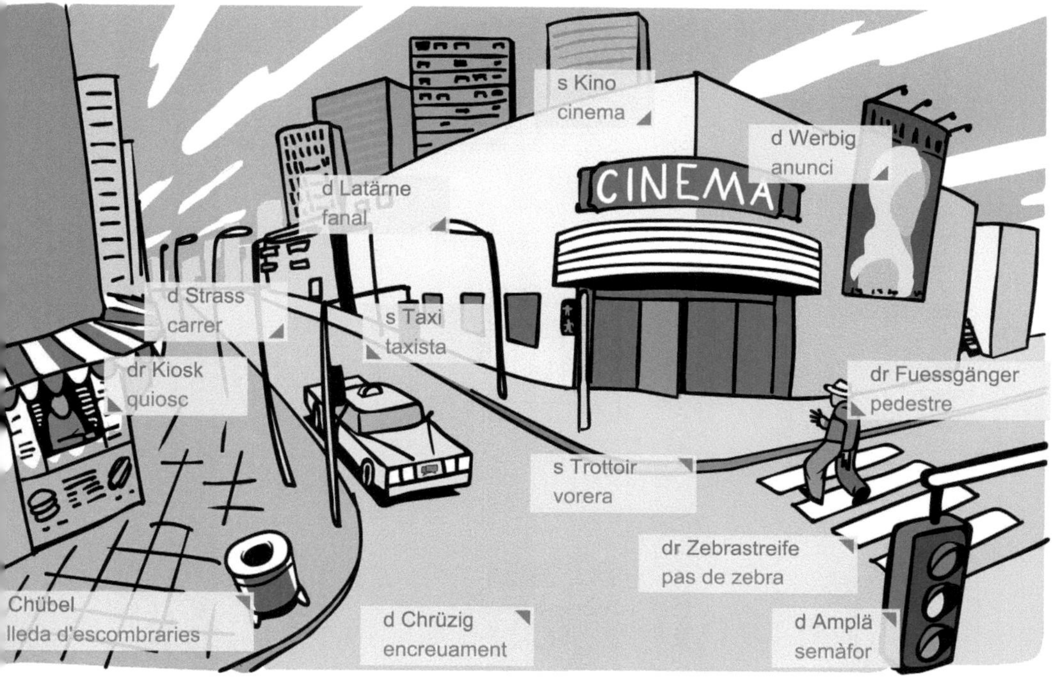
CINEMA
s Kino
cinema
d Werbig
anunci
d Latärne
fanal
d Strass
carrer
s Taxi
taxista
dr Kiosk
quiosc
dr Fuessgänger
pedestre
s Trottoir
vorera
dr Zebrastreife
pas de zebra
Chübel
lleda d'escombraries
d Chrüzig
encreuament
d Amplä
semàfor

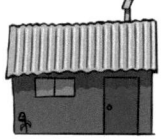

d Hütte

cabana

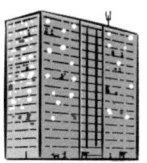

d Wohnig

apartament

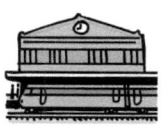

dr Bahnhof

estació de trens

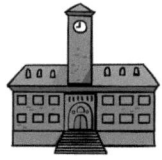

s Gmeindshuus

casa de la vila-ciutat

MUSEUM

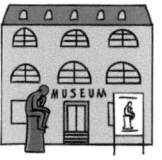

s Museum

museu

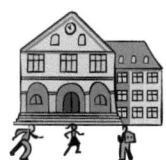

d Schuel

escola

d Universität
universitat

d Bank
banca

s Spital
hospital

s Hotel
hotel

d Apotheke
farmàcia

s Büro
oficina

s Buechgschäft
llibreria

s Gschäft
botiga

dr Bluemelade
floristeria

dr Läbensmittellade
supermercat

dr Märt
mercat

s Chaufhuus
gran magatzem

dr Fischhändler
peixateria

s Iihkaufszentrum
centre comercial

dr Hafe
port

dr Park
parc

d Bank
banc

d Brugg
pont

d Stäge
escala

d U-Bahn
metro

dr Tunnell
túnel

d Bushaltestell
parada d'autobús

d Bar
bar

s Restaurant
restaurant

dr Briefchastä
bústia de correu

s Strasseschild
senyal indicador

d Parkuhr
parquímetre

dr Zolli
zoo

d Badi
piscina

d Moschee
mesquita

dr Buurehof

granja

d Umwältvrschmutzig

pol·lució

dr Fridhof

cementiri

d Chile

església

dr Spielplatz

parc infantil

dr Tämpel

temple

d Landschaft

paisatge

s Blatt
fulla

dr Wägwiiser
cartell indicador

dr Wäg
camí

d Wise
prat

dr Stei
pedra

dr Wanderer
excursionista

dr Baum
arbre

dr Fluss
riu

s Gras
gespa

d Bluamä
flor

s Tal
vall

dr Bärg
muntanya

dr See
llac

dr Wald
bosc

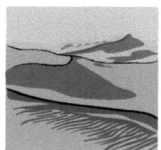

d Wüeschti
desert

dr Vulkan
volcà

s Schloss
castell

dr Rägeboge
arc de Sant Martí

dr Pilz
bolet

d Palme
palmera

dr Moskito
moscard

d Fliege
mosca

d Ameise
formiga

s Biendli
abella

d Spinne
aranya

dr Chäfer

escarabat

dr Frosch

granota

s Eichhörnli

esquirol

dr Igel

eriçó

dr Haas

llebre

d Üle

òliba

d Vogu

ocell

dr Schwan

cigne

s Wildschwein

senglar

dr Hirsch

cervo

dr Elch

ant

dr Damm

presa

d Windturbine

turbina

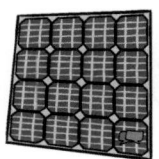

dr Sunnekollektor

panell solar

s Klima

clima

s Restaurant
restaurant

dr Chällner
cambrer
d Spiischartä
menú
dr Stuehl
cadira
d Suppä
sopa
d Pizza
pizza
d Tischdecki
tovalla
s Bsteck
coberts

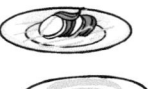

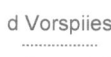

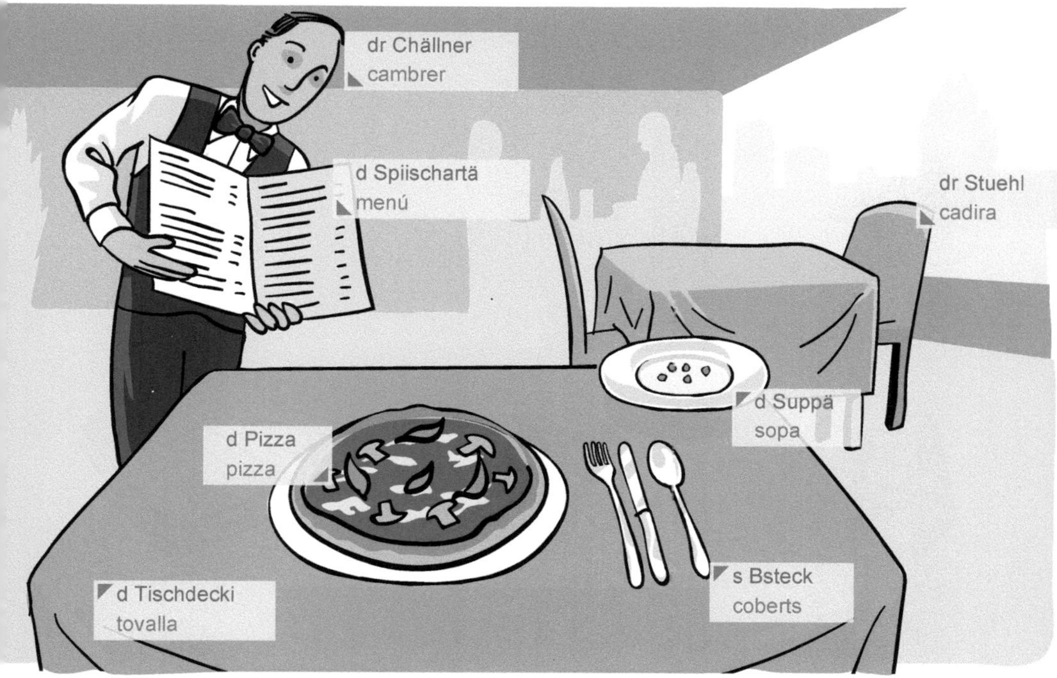

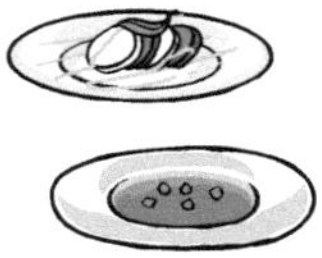

d Vorspiies

primer plat

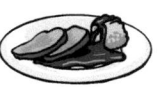

s Hauptgricht

plat principal

s Dessert

darreries

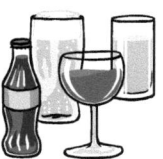

s Getränk

begudes

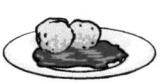

d Läbensmittel

menjar

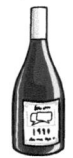

d Fläsche

ampolla

s Fast Food

menjar ràpid

s Street Food

menjar de carrer

d Teechanne

tetera

d Zuckerdosä

sucrer

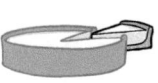

d Portion

porció

d Espressomaschine

màquina d'espresso

dr Hochstuehl

trona

d Rächnig

factura

s Tablett

plata

s Mässer

ganivet

d Gable

forqueta

dr Löffel

cullera

dr Teelöffel

cullereta

d Serviette

tovalló

s Glas

got

dr Täller
plat

dr Suppetällär
plat de sopa

d Untertasse
plateret

d Sose
salsa

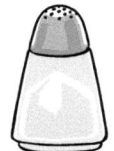

dr Salzstreuer
saler

d Pfäffermühli
molinet de pebre

dr Essig
vinagre

s Öl
oli

d Gwürz
espècies

ds Ketchup
quètxup

dr Sänf
mostassa

d Mayonnaise
maionesa

dr Läbensmittellade

supermercat

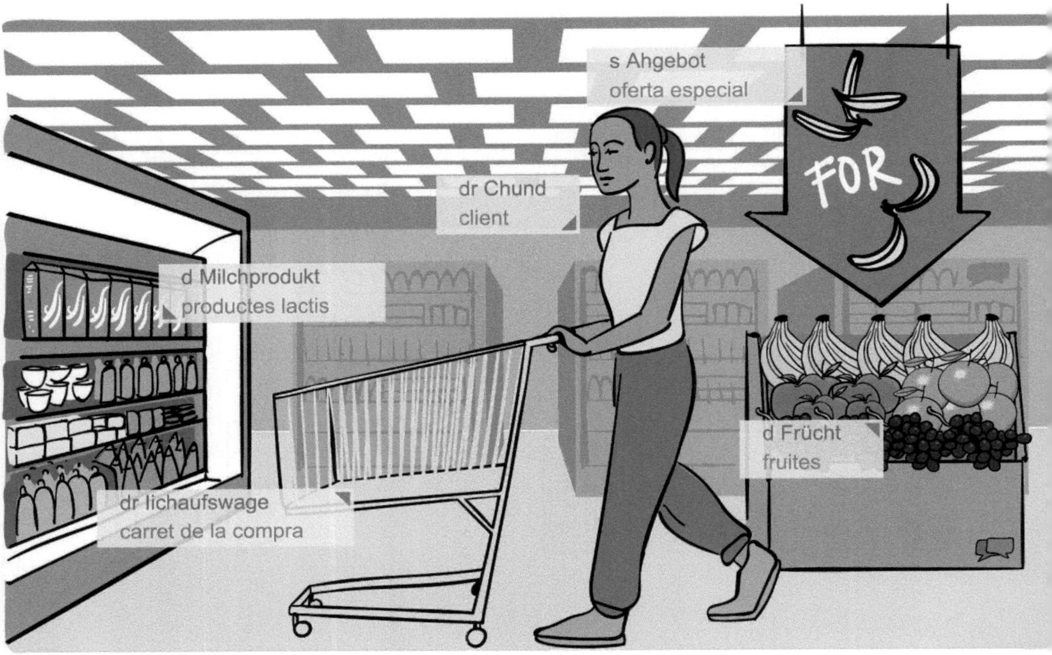

s Ahgebot
oferta especial
FOR
dr Chund
client
d Milchprodukt
productes lactis
d Frücht
fruites
dr Iichaufswage
carret de la compra

BUTCHERS

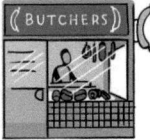

dr Schlachter

carnisseria

BAKERY

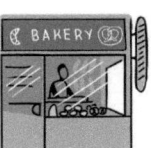

dr Beck

forn de pa

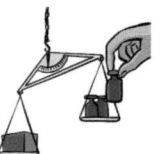

wiege

pesar

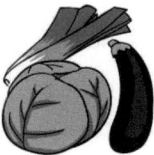

s Gmües

verdures

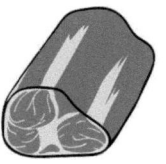

s Fleisch

carn

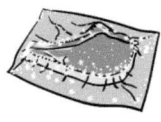

d Tiefkühlprodukt

menjar congelat

dr Ufschnitt

carn freda

d Konsärve

conserves

s Wöschmittel

detergent en pols

d Süessigkeite

dolços

d Huushaltartikel

articles domèstics

s Putzmittel

productes de neteja

d Verchäuferin

venedora

d Kassä

caixa registradora

dr Kassierer

caixera

d Ihchaufsliste

llista de la compra

d Öffnigszite

horari d'obertura

s Portemonnaie

portamonedes

d Kreditkarte

carta de crèdit

d Täsche

bossa

dr Plastiksack

bossa de plàstic

s Wasser

aigua

dr Saft

suc

d Milch

llet

d Cola

coca-cola

dr Wii

vi

s Bier

cervesa

dr Alkohol

alcohol

s Ovi

cacau

dr Tee

te

dr Kafi

cafè

dr Espresso

espresso

dr Cappuccino

cappuccino

d Banane

banana

dr Öpfel

poma

d Orange

taronja

d Melone

síndria

d Zitrone

llimona

s Rüebli

pastanaga

dr chnoobli

all

dr Bambus

bambú

d Zwiblä

ceba

dr Pilz

bolet

d Nüss

avellanes

d Nudle

fideus

d Spaghetti

espaguetis

dr Riis

arròs

dr Salat

amanida

d Pommfrit

patates fregides

d Bratherdöpfel

patates fregides

d Pizza

pizza

dr Hamburgär

hamburguesa

s Sandwich

entrepà

s Gotlett

escalopa

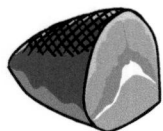

dr Schinkä

cuixot

d Salami

salami

s Würschtli

salsitxa

s Huehn

pollastre

dr Bratä

rostit

dr Fisch

peix

d Haferflocke

flocs de civada

s Müesli

musli

d Cornflakes

cereals

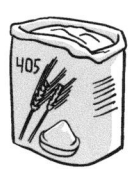

s Mähl

farina

s Gipfeli

croissant

s Brötli

panet

s Brot

pa

dr Toscht

torrada

s Guetzli

bescuits

d Butter

mantega

dr Quark

mató

dr Chueche

pastís

s Ei

ou

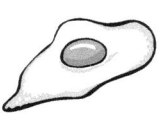

s Spiegelei

ou fregit

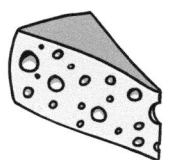

dr Chäs

formatge

d Läbensmittel - menjar

25

d Glace

gelat

dr Zucker

sucre

dr Honig

mel

d Gonfi

melmelada

d Nougat-Creme

crema de xocolata

s Curry

curri

dr Buurehof

granja

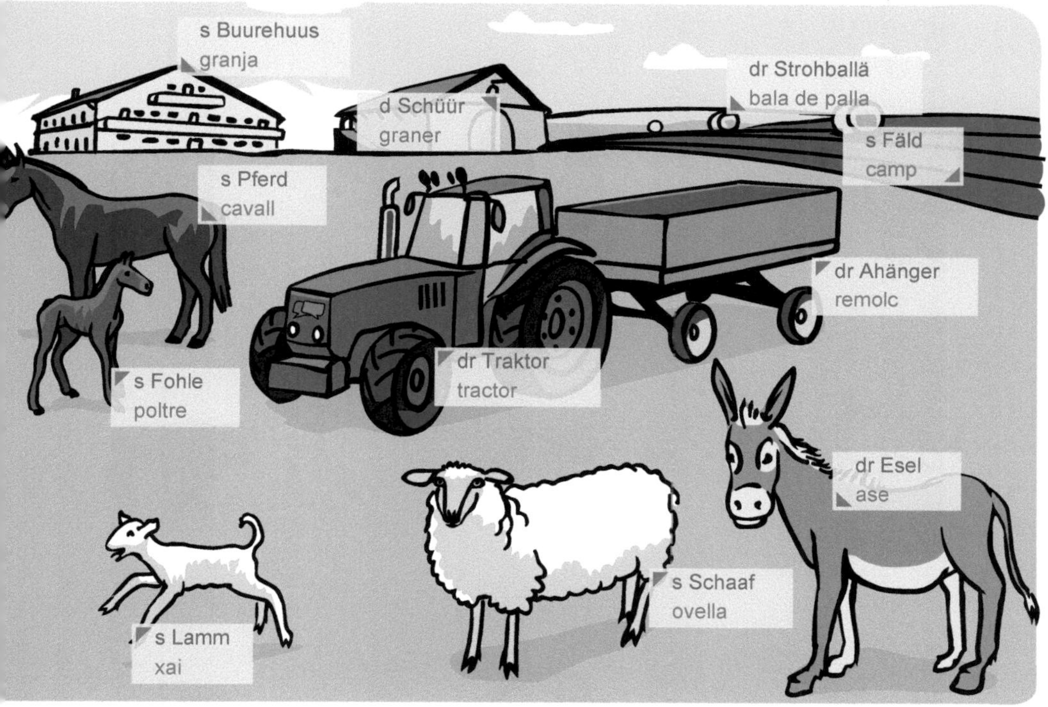
s Buurehuus
granja
d Schüür
graner
dr Strohballä
bala de palla
s Fäld
camp
s Pferd
cavall
dr Ahänger
remolc
dr Traktor
tractor
s Fohle
poltre
dr Esel
ase
s Schaaf
ovella
s Lamm
xai

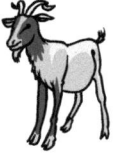

d Geiss

cabra

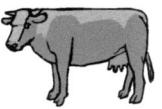

d Chueh

vaca

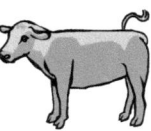

s Chalb

vedella

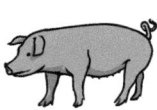

d Sau

porc

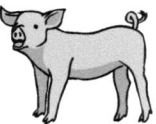

s Ferkel

garrí

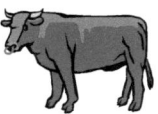

s Rind

bou

d Gans

oca

d Änte

ànec

s Küke

poll

s Huähn

gall

dr Güggel

gallina

d Ratte

rata

d Chatz

gat

d Muus

ratolí

dr Ochse

bou

dr Hund

gos

d Hundehütte

gossera

dr Garteschluuch

mànega de regar

d Giesschanne

regadora

d Sägese

dalla

dr Pflueg

arada

d Sichel
falç

d Hacke
aixada

d Heugable
forca

d Axt
destral

d Garette
carretó

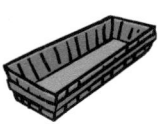

dr Trog
abeurador

d Milchchanne
lletera

dr Sack
sac

dr Haag
tanca

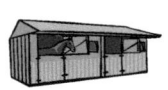

dr Gadä
establa

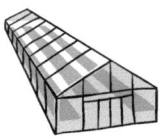

s Gwächshuus
hivernacle

dr Bode
sòl

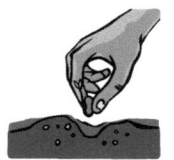

dr Soome
llavor

dr Dünger
adob

dr Mähdrescher
collidora

ärnte

collir

d Ärnte

collita

d Yamswurzle

nyam

dr Weize

blat

s Soja

soja

dr Härdöpfel

patata

dr Mais

blat de moro o d'indi

dr Raps

colza

dr Obstbaum

arbre fruiter

dr Maniok

mandioca

s Getreide

cereals

s Huus
casa

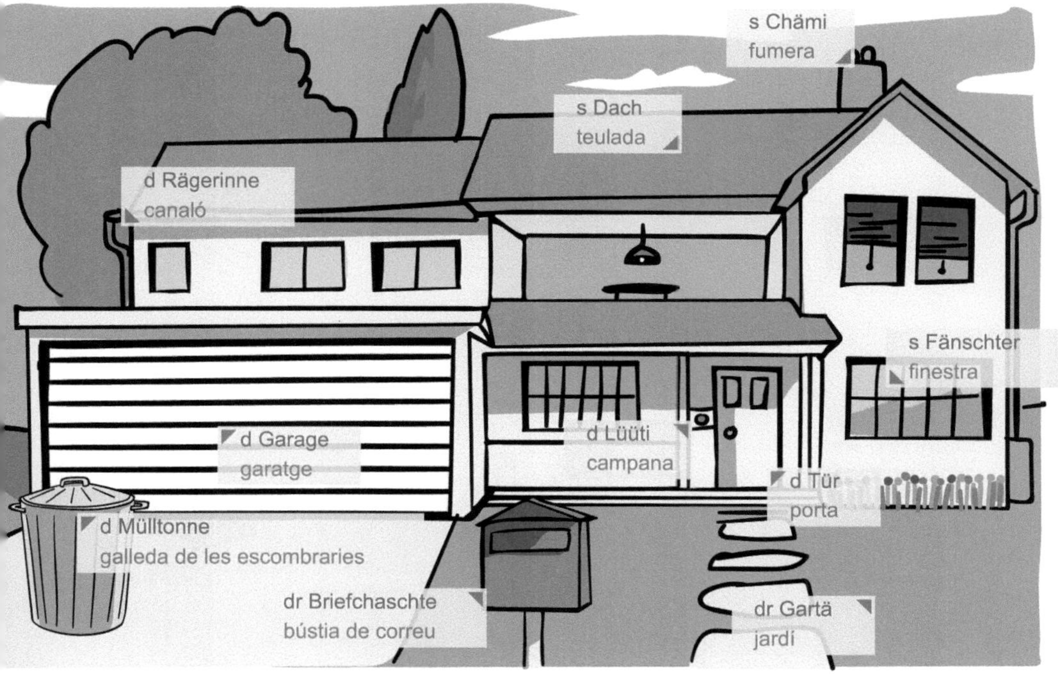

s Chämi
fumera
s Dach
teulada
d Rägerinne
canaló
s Fänschter
finestra
d Garage
garatge
d Lüüti
campana
d Tür
porta
d Mülltonne
galleda de les escombraries
dr Briefchaschte
bústia de correu
dr Gartä
jardí

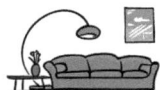

s Stubä

sala d'estar

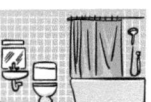

s Badzimmer

bany

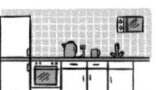

d Chuchi

cuina

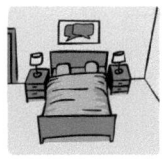

s Schlofzimmer

cambra de dormir

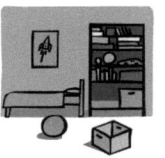

s Chinderzimmer

cambra de nen

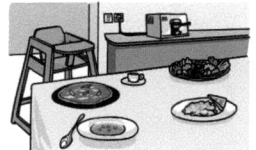

s Ässzimmer

menjador

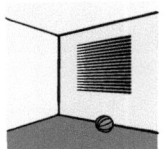

dr Bodä
sòl

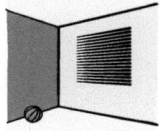

d Wand
paret

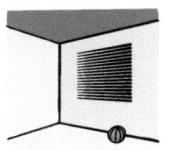

d Decki
sostre

dr Chäller
soterrani

d Sauna
sauna

dr Balkon
balcó

d Terasse
terrassa

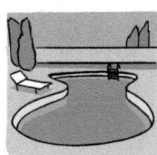

s Pool
piscina

dr Rasemäier
tallagespa

dr Bettbezug
vànova

d Bettdecki
cobrellit

s Bett
llit

dr Bäse
escombra

dr Chübel
galleda

dr Schalter
interruptor

s Stubä
sala d'estar

d Tapete
paper de paret
s Bild
quadre
d Lampä
làmpada
s Regal
prestatge
dr Schrank
armari
dr Färnseh
televisor
dr Kamin
escalfapanxes
d Bluamä
flor
s Chüssi
coixí
s Sofa
sofà
d Vasä
gerro
d Färnbedienig
te ecomanda

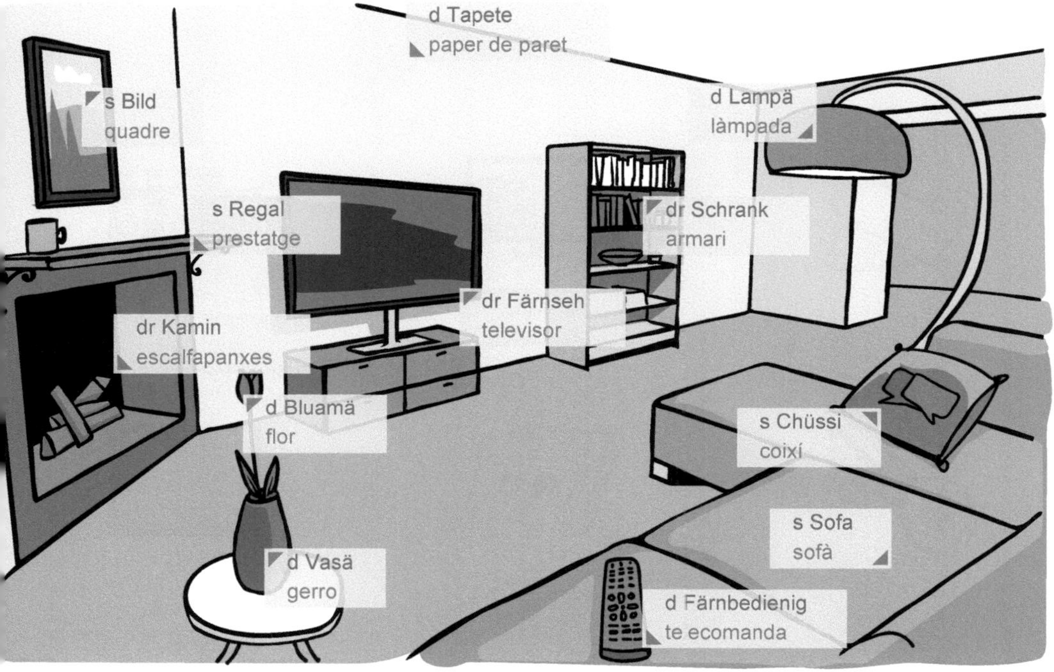

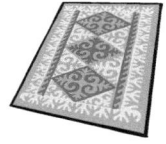

dr Teppich

catifa

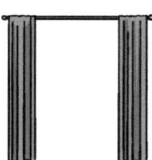

dr Vorhang

cortina

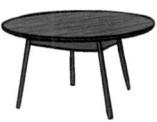

dr Tisch

taula

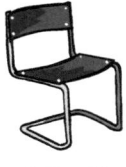

dr Stuehl

cadira

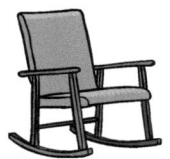

dr Schaukelstuehl

cadira gronxadora

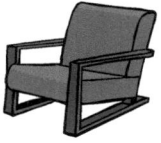

dr Sässel

cadiral

s Buech
llibre

d Decki
llençol

d Dekoration
decoració

s Füürholz
llenya

dr Film
film

d Stereoahlag
cadena de música

dr Schlüssel
clau

d Ziitig
diari

s Bild
pintura

s Poster
cartell

s Radio
ràdio

dr Notizblock
bloc de notes

dr Staubsuuger
aspiradora

dr Kaktus
cactus

d Chärze
candela

d Chuchi
cuina

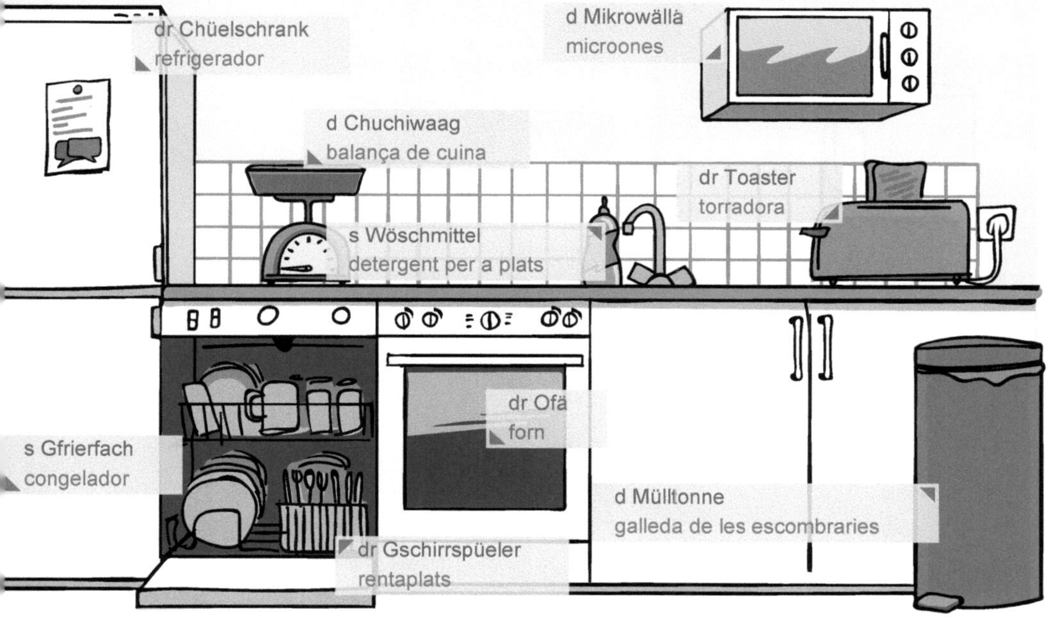
dr Chüelschrank
refrigerador
d Mikrowällä
microones
d Chuchiwaag
balança de cuina
dr Toaster
torradora
s Wöschmittel
detergent per a plats
dr Ofä
forn
s Gfrierfach
congelador
d Mülltonne
galleda de les escombraries
dr Gschirrspüeler
rentaplats

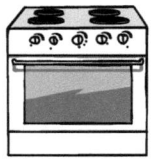

dr Härd

cuina de fogons

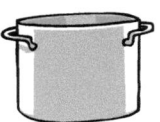

dr Topf

olla

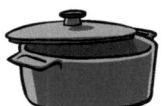

dr Iisetopf

olla de ferro colat

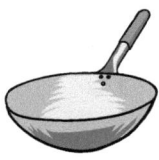

dr Wok / Kadai

wok / karahi

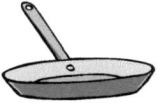

d Pfanne

paella

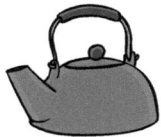

dr Wasserchocher

bullidor

dr Dampfer

olla de vapor

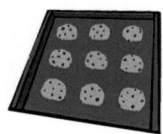

s Bachbläch

plata de forn

s Gschirr

vaixella

dr Bächer

tassa grossa

d Schale

bol

d Stäbli

bastonets xinesos

d Suppechellä

culler

dr Pfannewänder

espàtula

dr Schneebäse

batedor

s Sieb

colador

s Sieb

sedàs

d Raffle

ratllador

dr Mörser

morter

dr Grill

barbacoa

d Füürstell

foc a terra

s Schniidbrätt
taula de tallar

s Nudelholz
corró

dr Korkäzieher
llevataps

d Dosä
pot de conserva

dr Dosäöffner
obridor

dr Topflappä
agafador

s Wöschbecki
aigüera

d Bürste
raspall

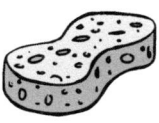

dr Schwumm
esponja

dr Mixer
batedora

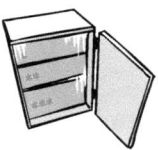

dr Gfrierschrank
congelador

s Babyfläschli
biberó

dr Hahnä
aixeta

s Badzimmer

bany

d Heizig
calefacció
d Duschi
dutxa
s Handtuech
tovallola
dr Duschvorhang
cortina de dutxa
s Schumbad
bany de bombollles
d Badwanne
banyera
s Glas
got
d Wöschmaschine
rentadora
dr Hahnä
aixeta
d Fliesä
rajoles
s Töpfli
orinal
s Wöschbecki
aigüera

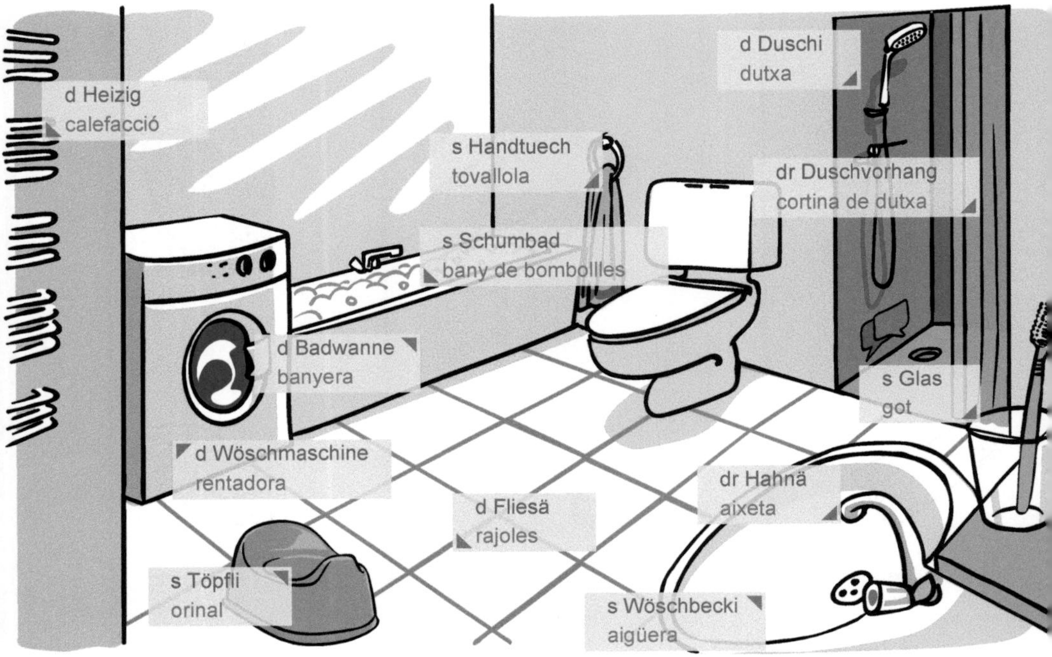

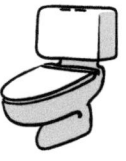

d Toilette

lavabo

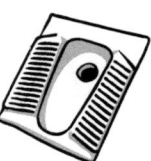

s Plumpsklo

lavabo turc

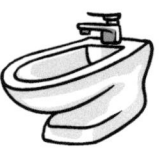

s Bidet

bidet

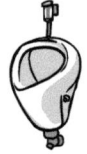

s Pissoir

orinador

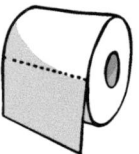

ds Toilettepapier

paper higiènic

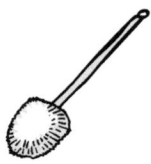

d Toilettebürschteli

escombreta de sanitari

d Zahbürstä

raspall de dents

d Zahpasta

pasta de dents

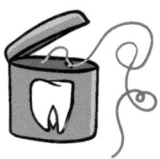

d Zahnsiide

fil dental

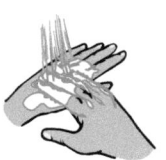

wäsche

rentar

d Handduschi

pom de dutxa

d Intiimduschi

dutxa íntima

s Wöschbecki

rentamans

d Ruggäbürste

raspall per a l'esquena

d Seifä

sabó

s Duschgel

gel de dutxa

s Shampoo

xampú

dr Waschlappä

manyopla de bany

dr Abfluss

bonera

d Creme

crema

s Deo

desodorant

dr Spiegel

mirall

dr Handspiegel

mirall-espill de mà

dr Rasierer

maquineta de rasar

dr Rasierschuum

espuma de barbejar

s Aftershave

loció post-rasada

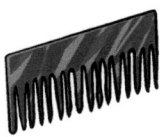

dr Schträäl

pinta

d Bürstä

raspall

dr Föhn

eixugador

s Hoorspray

laca

s Makeup

maquillatge

dr Lippestift

pintallavis

dr Nagellack

esmalt d'ungles

d Wattä

cotó

d Nagelscher

tallaungles

s Parfum

perfum

s Necessaire

estoig de bellesa

dr Schemel

tamboret

d Waag

bàscula

dr Badmantel

barnús

dr Gummihändscheh

guants de goma

s Tampon

compresa higiènica

d Damebinde

compresa

d chemischi Toilette

sanitari químic

s Chinderzimmer
cambra de nen

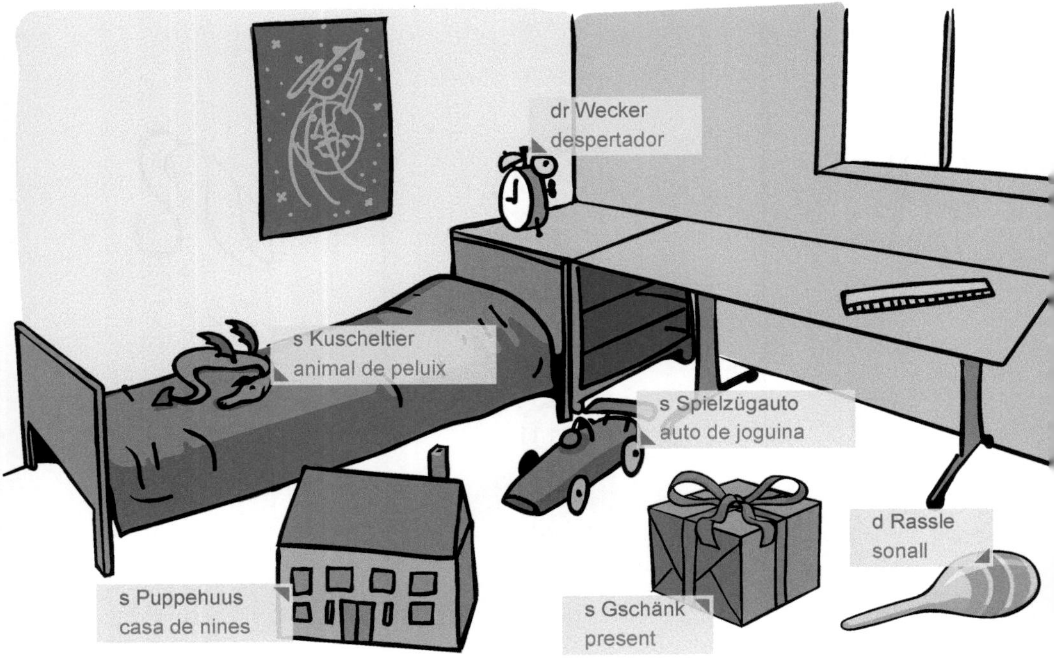

dr Wecker
despertador
s Kuscheltier
animal de peluix
s Spielzügauto
auto de joguina
d Rassle
sonall
s Puppehuus
casa de nines
s Gschänk
present

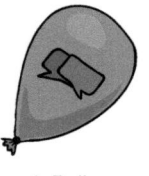

dr Ballon

baló

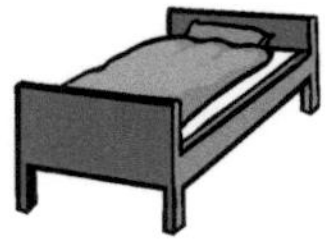

s Bett

llit

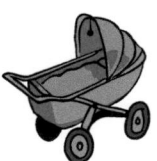

dr Chinderwage

cotxet per a nens

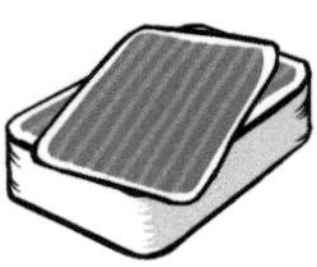

s Chartespiel

joc de cartes

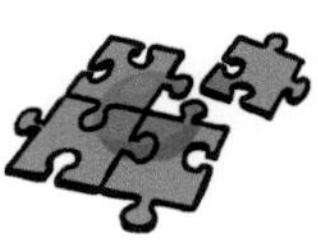

s Puzzle

trencaclosca

SUPER MEGA

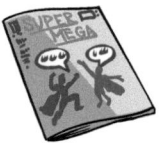

dr Comic

historieta

d Legos

peces de lego

d Baustei

peces de construcció

d Action Figur

ninot d'acció

s Strampli

granota

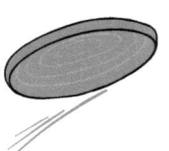

s Frisbee

frisbee

s Mobile

mòbil per a bressol

s Brättspiel

joc de taula

dr Würfäl

daus

d Modellisebahn

tren elèctric

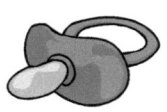

dr Nuggi

xumet

d Party

festa

s Bilderbuch

llibre de dibuixos

dr Ball

pilota

d Puppä

nina

spiele

jugar

dr Sandchaschte

sorrera

d Gigampfi

gronxador

s Spielzüg

joguines

d Videospielkonsole

consola de jocs de vídeo

s Dreirad

tricicle

dr Teddy

osset de peluix

dr Chleiderschrank

armari

d Chleidig

roba

d Sockä

mitjons

d Strümpf

mitges

d Strumpfhosä

mitja pantaló

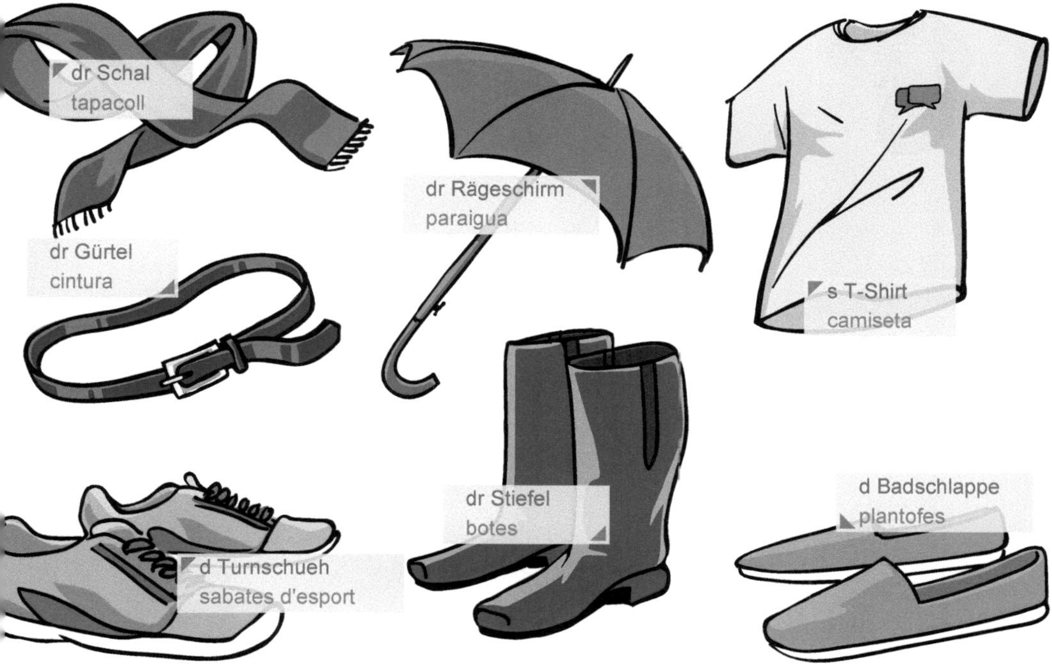

dr Schal
tapacoll

dr Rägeschirm
paraigua

s T-Shirt
camiseta

dr Gürtel
cintura

d Badschlappe
plantofes

d Turnschueh
sabates d'esport

dr Stiefel
botes

d Sandalä
....
sandàlies

d Schueh
....
sabates

d Gummistiefel
....
botes de goma

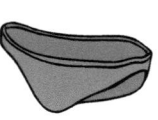

d Untrhosä
....
calçonets

dr BH
....
sostenidor

s Underlibli
....
guardapits

dr Body

jjustacòs

d Hosä

pantalons

d Jeans

jeans

dr Rock

faldeta

d Bluse

brusa

s Hömli

camisa

dr Pulli

jersei

dr Kapuzepulli

dessuadora

dr Blazer

blazer

d Jacke

jaqueta

dr Mantel

mantell

dr Rägämantel

impermeable

s Chostüm

vestit de dona

s Chleid

vestit de dona

s Hochziitskleid

vestit de núvia

dr Ahzug

vestit d'home

s Nachthömli

camisa de dormir

s Pyjama

pijama

dr Sari

sari

s Chopftuäch

mocador de cap

dr Turban

turbant

d Burka

burca

dr Kaftan

caftan

d Abaya

abaia

s Badchleid

vestit de bany

d Badhose

calçon(et)s de bany

d churzi Hosä

pantalons curts

dr Trainer

xandall

d Schürze

davantal

d Händsche

guants

dr Chnopf

botó

d Brüllä

ulleres

s Armband

braçalet

d Chetti

collaret

dr Ring

anell

dr Ohrering

orellera

d Chappe

casquet

dr Chleiderbügel

penjador

dr Huet

capell

d Grawattä

corbata

dr Riissverschluss

cremallera

dr Helm

casc

dr Hosäträger

elàstics

d Schueluniform

uniforme escolar

d Uniform

uniforme

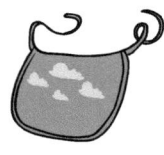

s Lätzli

pitet

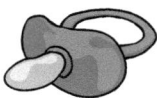

dr Nuggi

xumet

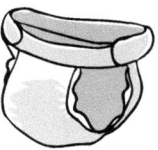

d Windle

bolquer

s Büro
oficina

dr Server
servidor
dr Akteschrank
armari arxivador
dr Drucker
impressora
s Papier
paper
dr Monitor
monitor
d Muus
ratolí
dr Schribtisch
escriptori
dr Ordner
arxivador
d Taschtatur
teclat
dr Papierchorb
paperera
dr Computer
ordinador
dr Stuehl
cadira

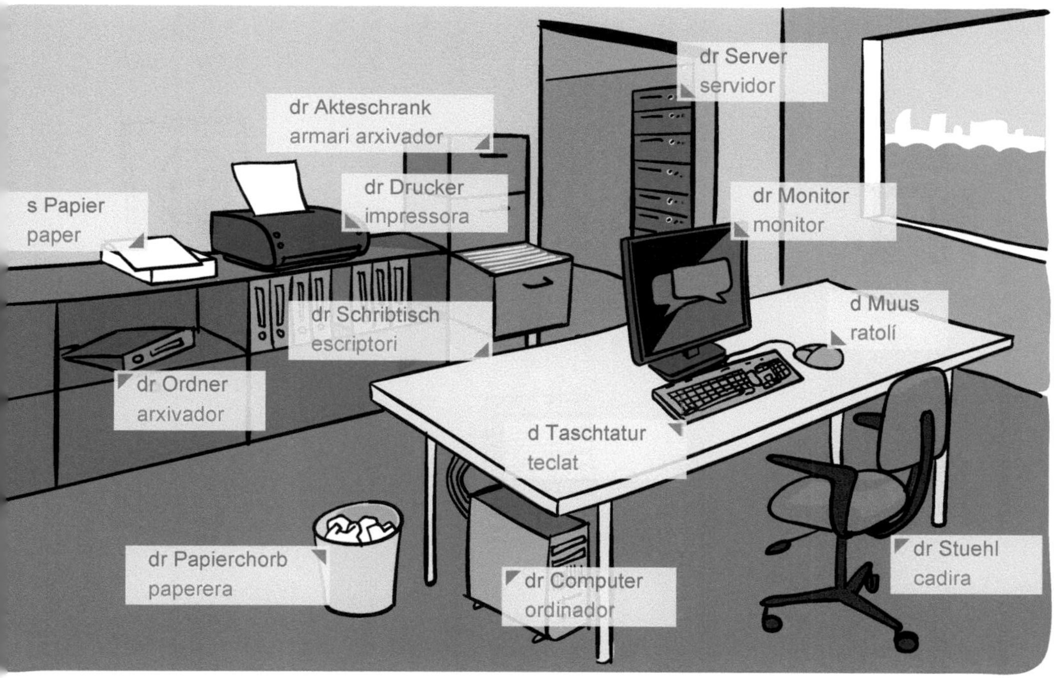

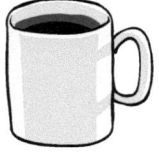

dr Kafibächer

tassa de cafè

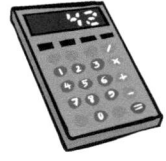

dr Tascherächner

calculadora

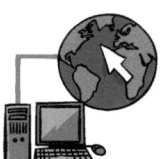

s Internet

Internet

dr Laptop

ordinador portàtil

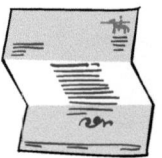

dr Brief

lletra

d Nochricht

missatge

s Mobiltelefon

mòbil

s Netzwärk

xarxa

dr Kopierer

fotocopiadora

d Software

programari

s Telefon

telèfon

d Steckdosä

presa de corrent

s Fax

fax

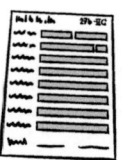

s Formular

formulari

s Dokumänt

document

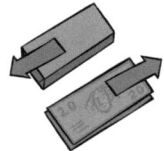

chaufe

comprar

zahle

pagar

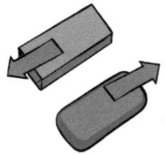

handle

comerciar

s Gäld

diners

 **USD**

dr Dollar

dòlar

 **EUR**

dr Euro

euro

 **JPY**

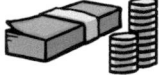

dr Yen

ien

 **RUB**

dr Rubel

ruble

 **CHF**

dr Frankä

franc suís

 **CNY**

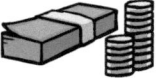

dr Renminbi Yuan

renminbi

 **INR**

d Rupie

rupia

dr Gäldautomat

caixa automàtica

d Wächselstube

oficina de canvi

s Gold

or

s Silber

argent

s Öl

petroli

d Energie

energia

dr Preis

preu

dr Vertrag

contracte

d Stüür

impost

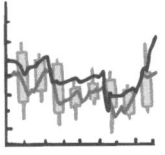

d Aktie

acció

schaffe

treballar

dr Mitarbeiter

treballador

dr Arbeitgeber

empresari

d Fabrik

fàbrica

s Gschäft

botiga

d Brüef
oficis

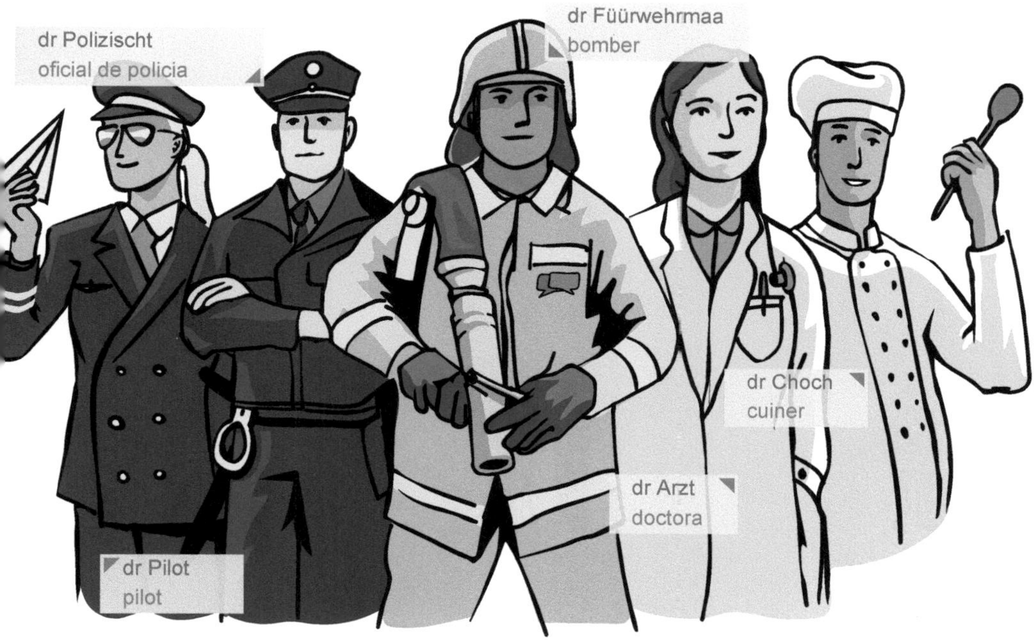

dr Polizischt
oficial de policia
dr Füürwehrmaa
bomber
dr Choch
cuiner
dr Arzt
doctora
dr Pilot
pilot

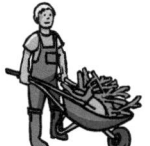

dr Gärtner

jardiner

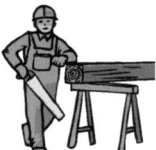

dr Zimmermah

fuster

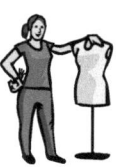

d Näheri

costurera

dr Richter

jutge

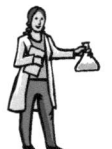

dr Chemiker

química

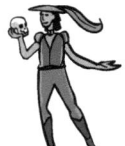

dr Darsteller

actor

dr Busfahrer

conductor d'autobús

dr Taxifahrer

taxista

dr Fischer

pescador

d Putzfrau

dona de la neteja

dr Dachdecker

ensostrador

dr Chällner

cambrer

dr Jäger

caçador

dr Moler

pintor

dr Bäcker

forner

dr Elektriker

electricista

dr Bauarbeiter

obrer de la construcció

dr Ingenieur

enginyer

dr Schlachter

carnisser

dr Klämpner

llanterner

dr Pöschtler

correu

dr Soldat

soldat

dr Architekt

arquitecte

dr Kassierer

caixera

dr Florischt

florista

dr Frisör

perruquer

dr Kontrolleur

revisor

dr Mechaniker

mecànic

dr Kapitän

capità

dr Zahnarzt

dentista

dr Wüsseschaftler

científic

dr Rabbi

rabí

dr Imam

imam

dr Mönch

monjo

dr Pfarrer

capellà

d Werkzüüg

eines

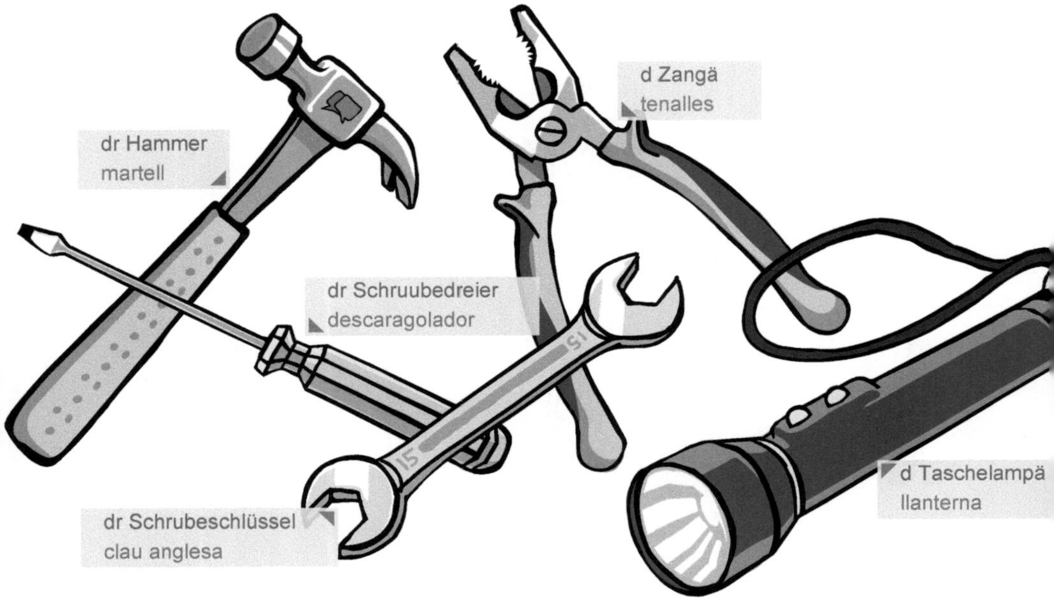
d Zangä
tenalles
dr Hammer
martell
dr Schruubedreier
descaragolador
d Taschelampä
llanterna
dr Schrubeschlüssel
clau anglesa

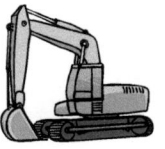

dr Bagger

excavadora

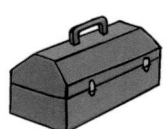

dr Werkzüügchaschte

caixa d'eines

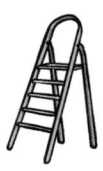

d Leitere

escala

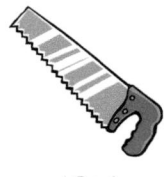

d Sagi

serra

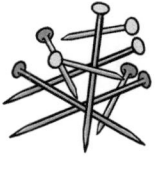

d Negel

claus

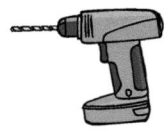

dr Bohrer

trepant

flicke
reparar

d Schufle
pala

Mischt!
Maleït siga!

d Ascheschufle
pala

dr Farbchübel
pot de pintura

d Schruube
caragols

d Musiginstrumänt
instrument de música

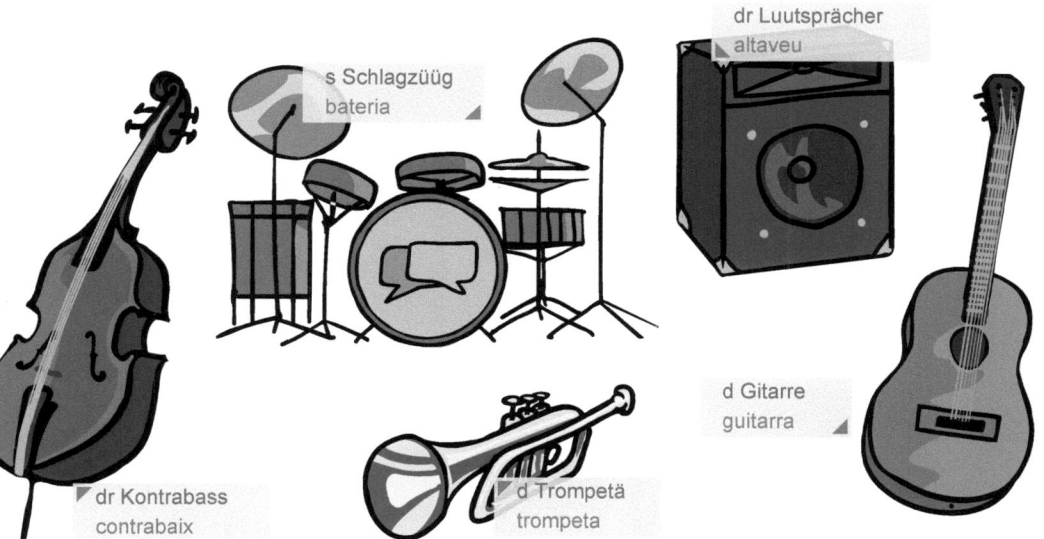

s Schlagzüüg
bateria

dr Luutsprächer
altaveu

d Gitarre
guitarra

dr Kontrabass
contrabaix

d Trompetä
trompeta

s Klavier

piano

d Violine

violí

dr Bass

baix

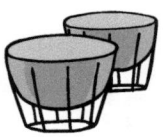

d Pauke

timbal

d Trummle

tambor

s Keyboard

teclat

s Saxophon

saxofon

d Flöte

flauta

s Mikrofon

micròfon

d Musiginstrumänt - instrument de música

dr Zolli

zoo

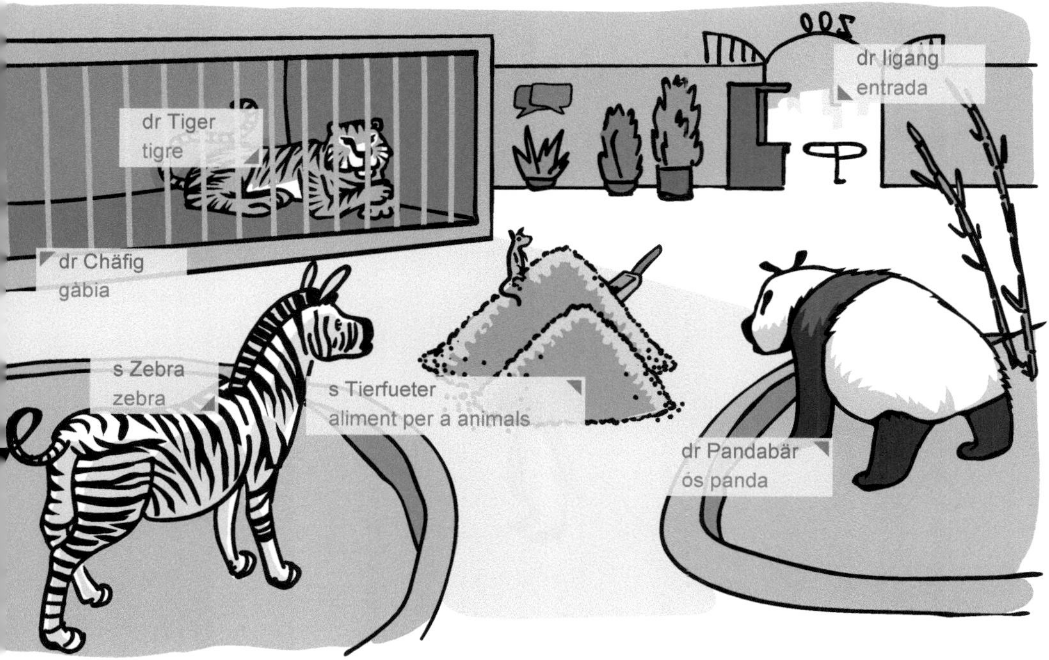

dr Tiger
tigre
dr Chäfig
gàbia
s Zebra
zebra
s Tierfueter
aliment per a animals
dr Iigang
entrada
dr Pandabär
ós panda

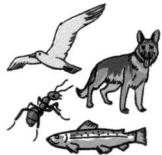

d Tier

animals

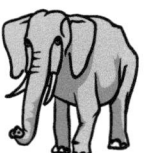

dr Elefant

elefant

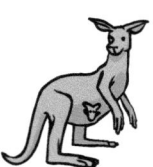

s Känguru

cangurú

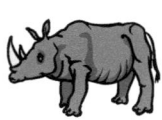

s Nashorn

rinoceront

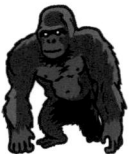

dr Gorilla

goril·la

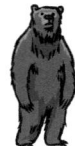

dr Bär

ós

s Kamel

camell

dr Struss

estruç

dr Leu

lleó

dr Aff

simi

dr Flamingo

flamenc

dr Papagei

papagai

dr Iisbär

ós polar

dr Pinguin

pingüí

dr Hai

ca mari

dr Pfau

paó

d Schlangä

serp

s Krokodil

cocodril

dr Zoowärter

guardià del zoo

d Robbä

foca

dr Jaguar

jaguar

s Pony

poni

dr Leopard

lleopard

s Nilpfärd

hipopòtam

d Giraff

girafa

dr Adler

àliga

s Wildschwein

senglar

dr Fisch

peix

d Schildkrot

tortuga

s Walross

morsa

dr Fuchs

guineu

d Gazelle

gasela

s American Football
futbol americà

s Velofahre
ciclisme

s Tennis
tenis

dr Basketball
bàsquet

s Schwümmä
natació

s lishockey
hoquei sobre gel

s Boxä
boxa

dr Fuessball

futbol americà

s Badminton

bàdminton

d Liechtathletik

atletisme

dr Handball

handbol

s Skifahre

esquí

s Polo

polo

d Aktivitäte
activitats

springä
saltar
umarme
abraçar
lachä
riure
gah
anar
singe
cantar
troime
somiar
bätte
pregar
küssä
fer un petó

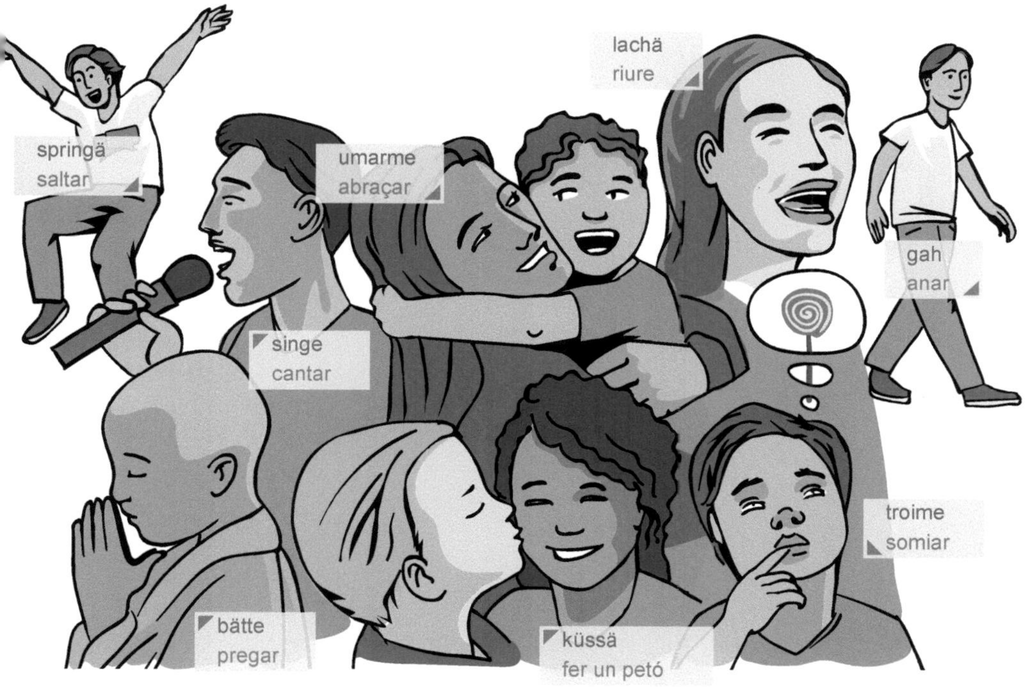

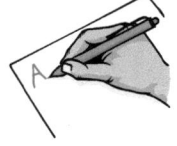

schribe

escriure

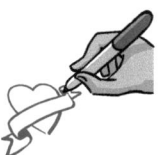

zeichne

dibuixar

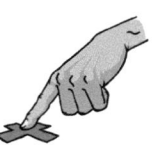

zeige

mostrar

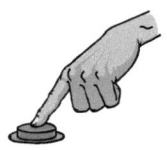

schiebe

pitjar

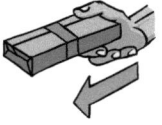

gäh

donar

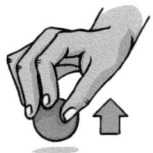

näh

prendre

händ

tenir

mache

fer

sy

ésser

stah

estar dret

laufe

córrer

zieh

estirar

rüerä

llançar

fallä

caure

ligge

jeure

warte

esperar

träge

portar

sitze

asseure's

ahzieh

vestir-se

schlafe

dormir

ufwache

despertar-se

ahluege
mirar

brüele
plorar

striichle
amoixar

bürste
pentinar

redä
parlar

verschtah
comprendre

froog
demanar

lose
escoltar

trinke
beure

ässe
menjar

ufruume
endreçar

liebe
estimar

chochä
cuinar

fahre
conduir

flüge
volar

segle

navegar

rächne

calcular

läse

llegir

leerä

aprendre

schaffe

treballar

hürate

casar-se

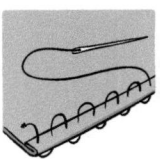

näije

cosir

Zäh putze

raspallar-se les dents

töte

matar

schlootä

fumar

sände

enviar

Grossmuetter
ia

dr Grossvater
avi

dr Vatter
pare

d Muetter
mare

s Baby
nadó

d Tochter
filla

dr Sohn
fill

dr Gast

convidat

d Tante

tia

dr Unkel

oncle

dr Brüeder

germà

d Schwöschter

germana

dr Körpär

cos

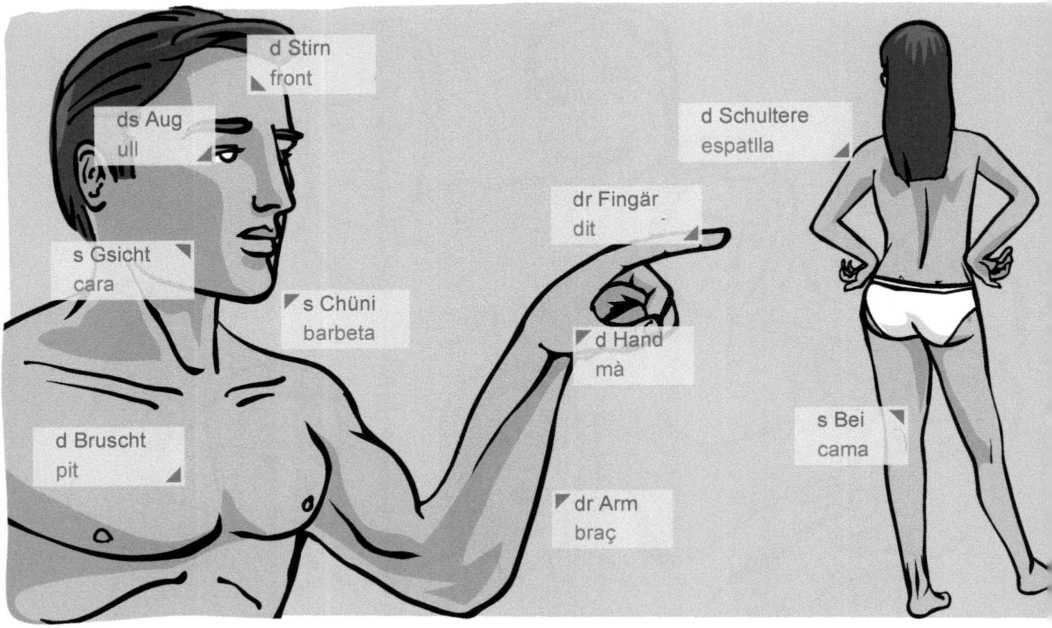
d Stirn
front
ds Aug
ull
d Schultere
espatlla
dr Fingär
dit
s Gsicht
cara
s Chüni
barbeta
d Hand
mà
s Bei
cama
d Bruscht
pit
dr Arm
braç

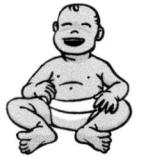

s Baby

nadó

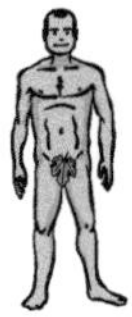
dr Mah

home

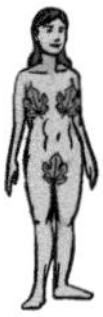
d Frau

dona

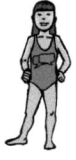

s Meitli

noia

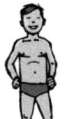

dr Bueb

noi

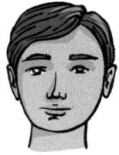

dr Chopf

cap

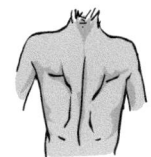

dr Ruggä

esquena

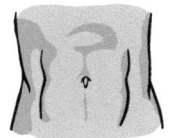

dr Buuch

panxa

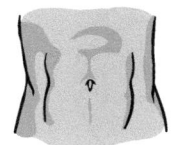

dr Buchnabel

melic

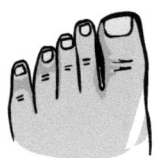

dr Zäche

dit gros del peu

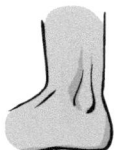

d Fersä

taló

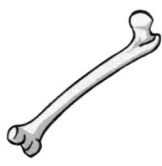

d Knoche

os

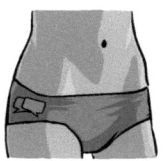

d Hüfte

maluc

s Chnü

genoll

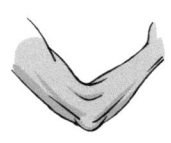

dr Ellbogä

colze

d Nase

nas

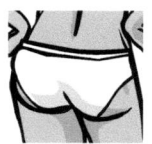

s Füdli

cul

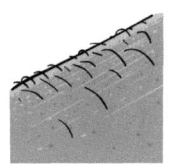

d Hut

pell

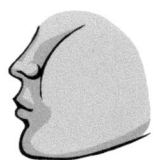

d Bagge

galta

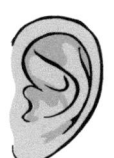

s Ohr

orella

d Lippe

llavi

s Muul

boca

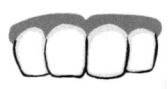

dr Zah

dent

d Zungä

llengua

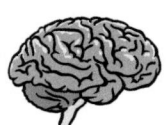

s Hirni

cervell

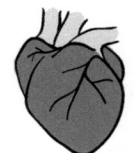

s Härz

cor

dr Muskel

múscul

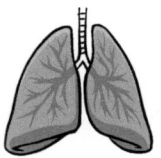

d Lungä

pulmó

d Läberä

fetge

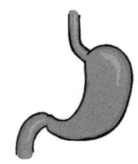

dr Magen

estómac

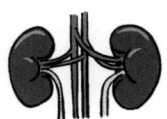

d Nierä

ronyó

dr Gschlächtsvrkehr

relació sexual

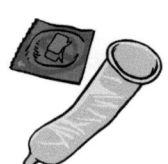

s Kondom

preservatiu

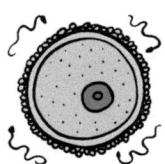

d Eizälle

ovari

dr Soome

semen

d Schwangerschaft

prenyat

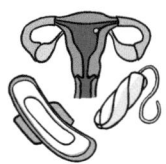

d Menstruation

menstruació

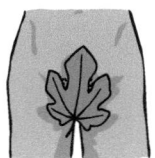

d Vagina

vagina

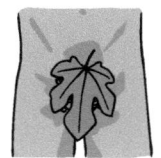

dr Penis

penis

d Augebrauä

cella

s Haar

cabells

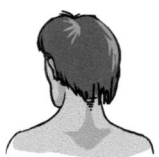

dr Hals

coll

s Spital
hospital

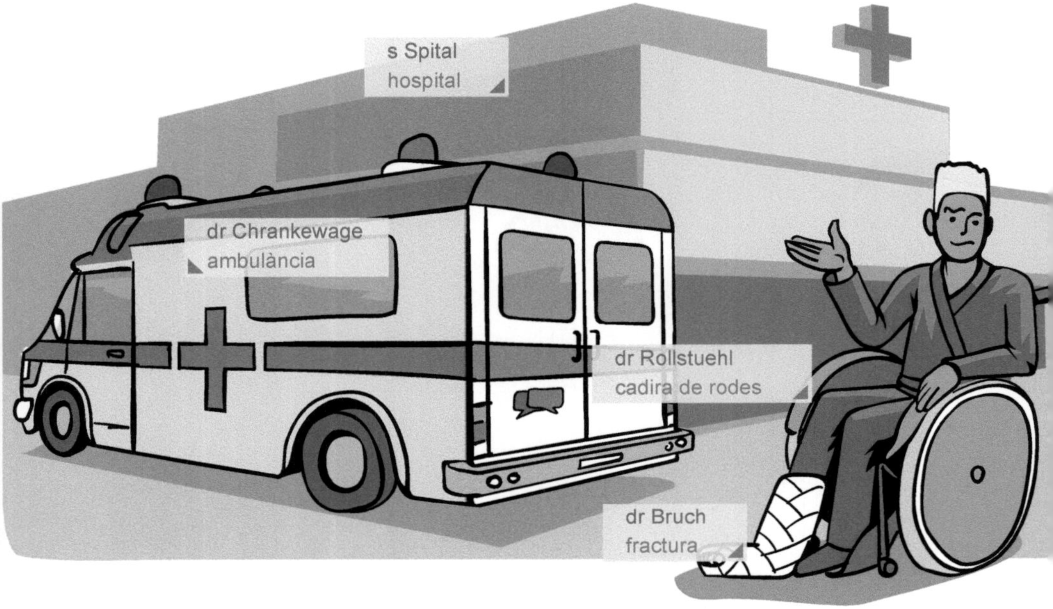

s Spital
hospital
dr Chrankewage
ambulància
dr Rollstuehl
cadira de rodes
dr Bruch
fractura

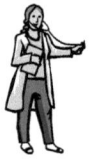

dr Arzt

doctora

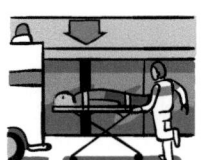

d Notufnahm

sala d'urgències

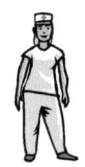

d Chrankeschwöschter

infermera

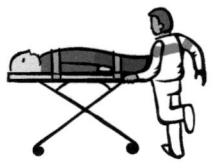

dr Notfall

urgència

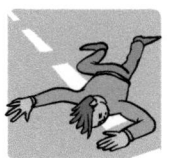

chnmächtig

inconscient

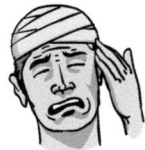

dr Schmärz

dolor

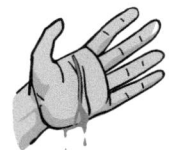

d Verletzig

ferida

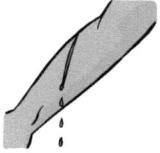

d Bluätig

sagnament

dr Härzinfarkt

atac de cor

dr Schlagahfall

apoplexia

d Allergie

al·lèrgia

dr Hueschtä

tos

s Fieber

febre

d Grippe

gripa

dr Durchfall

diarrea

d Kopfschmärze

mal de cap

dr Kräbs

càncer

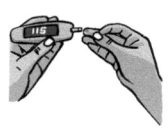

dr Diabetes

diabetis

dr Chirurg

cirurgià

s Skalpell

escalpel

d Operation

operació

s CT

tomografia computada (TC), TAC

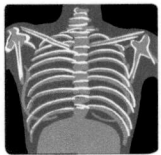

s Röntgä

raigs x

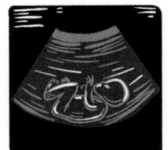

s Ultraschall

ultrasò

d Gsichtsmaske

mascareta

d Krankhet

malaltia

s Wartezimmer

sala d'espera

d Krückä

crossa

s Pflaster

tireta

dr Vrband

embenat

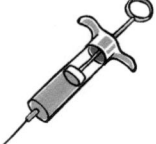

d Injektion

injecció

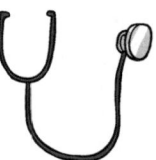

s Stethoskop

estetoscopi

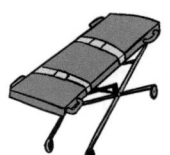

d Trage

llitera

s Thermometer

termòmetre clínic

d Geburt

pariment

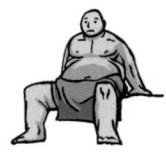

s Übergwicht

sobrepès

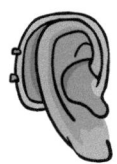

s Hörgrät

aparell auditiu

s Desinfektionsmittel

desinfectant

d Infektion

infecció

s Virus

virus

s HIV / AIDS

VIH / SIDA

d Medizin

medicina

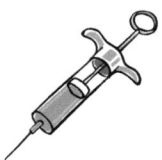

d Impfig

vaccí

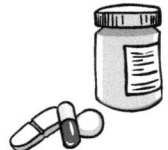

d Tablette

comprimits

d Pille

píl·lola

dr Notruef

trucada d'urgència

s Bluetdruck-Mässgrät

tensiòmetre

chrank / gsund

malalt / sà

Hiufe!

Socors!

dr Alarm

alarma

dr Überfall

assalt

dr Ahgriff

atac

d Gfohr

perill

dr Notuusgang

sortida-eixida d'urgència

Füür!

Foc!

dr Füürlöscher

extintor

dr Unfall

accident

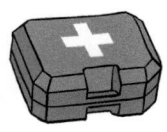

dr Ersti-Hilf-Koffer

farmaciola de primers
auxilis

SOS

SOS

d Polizei

policia

s Europa

Europa

s Nordamerika

Amèrica del Nord

s Südamerika

Amèrica del Sud

s Afrika

Àfrica

s Asie

Àsia

s Auschtralie

Austràlia

dr Atlantik

Atlàntic

dr Pazifik

Pacífic

dr Indische Ozean

Oceà Índic

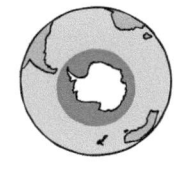

dr Antarktische Ozean

Oceà Antàrtic

dr Arktische Ozean

Oceà Àrtic

dr Nordpol

pol nord

dr Südpol

pol sud

d Antarktis

Antàrtida

d Ärde

terra

s Land

país

s Meer

mar

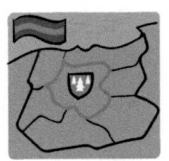

d Inslä

illa

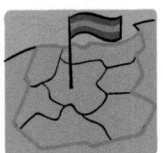

d Nation

nació

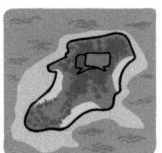

dr Staat

estat

s Ziffereblatt

quadrant

dr Stundezeiger

agulla de les hores

dr Minutezeiger

agulla dels minuts

dr Sekundezeiger

agulla dels segons

Wie spaht isch es?

Quina hora és?

dr Tag

dia

d Zit

temps

jetzt

ara

d Digitaluhr

rellotge digital

d Minute

minut

d Stunde

hora

d Wuche
setmana

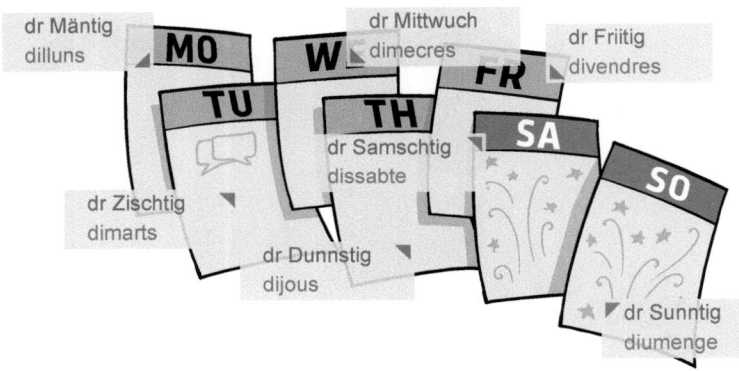

dr Mäntig
dilluns

dr Mittwuch
dimecres

dr Friitig
divendres

dr Zischtig
dimarts

dr Samschtig
dissabte

dr Dunnstig
dijous

dr Sunntig
diumenge

geschter

ahir

hüt

avui

morn

demà

dr Morgä

matí

dr Mittag

migdia

dr Aabig

tarda

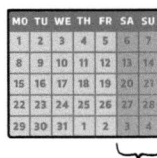

d Wärktag

dia feiner

s Wuchenänd

cap de setmana

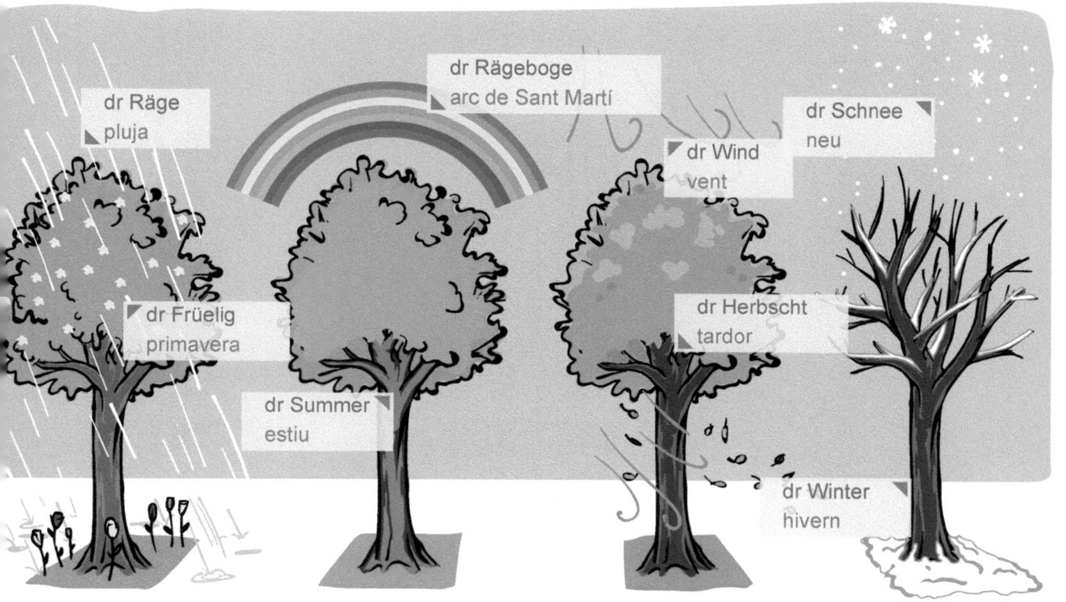

dr Rägeboge
arc de Sant Martí
dr Räge
pluja
dr Schnee
neu
dr Wind
vent
dr Früelig
primavera
dr Herbscht
tardor
dr Summer
estiu
dr Winter
hivern

4.APRIL 11°
5.APRIL 4°
6.APRIL 13°
7.APRIL 8°
8.APRIL 10°

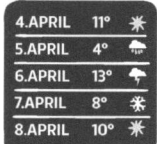

d Wättervorhärsag

pronòstic del temps

F
C
120
90
60
30
0
-30
40
30
20
10
0
-10
-20

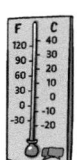

s Thermometer

termòmetre

dr Sunneschiin

llum del sol

d Wolkä

núvol

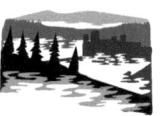

d Näbel

boira

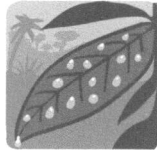

d Fiechtigkeit

humiditat de l'aire

dr Blitz

llamp

dr Dunner

tro

dr Sturm

tempesta

d Hagel

calamarsa

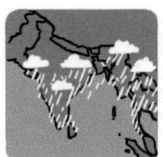

dr Monsun

monsó

d Fluet

inundació

s Iis

gel

dr Januar

gener

dr Februar

febrer

dr März

març

dr April

abril

dr Mai

maig

dr Juni

juny

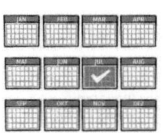

dr Juli

juliol

dr Auguscht

agost

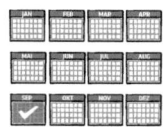

dr Septämber
....
setembre

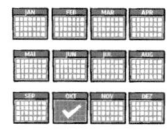

dr Oktober
....
octubre

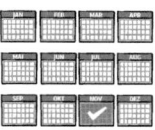

dr Novämber
....
novembre

dr Dezämber
....
desembre

dr Kreis
....
cercle

s Quadrat
....
quadrat

s Rächteck
....
rectangle

s Dreieck
....
triangle

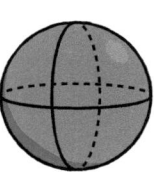

d Chugele
....
esfera

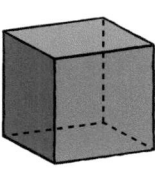

dr Würfel
....
cub

wiss

blanc

gäl

groc

orange

taronja

pink

rosa

rot

vermell

liila

lila

blau

blau

grüen

verd

bruun

marró

grau

gris

schwarz

negre

viel / wenig

molt / poc

hässig / ruhig

emprenyat / tranquil

hübsch / hässlich

bonic / lleig

dr Ahfang / s Ändi

començament / fi

gross / chli

gran / petit

hell / dunkel

clar / fosc

r Brüeder / d Schwöschter

germà / germana

suuber / dräckig

net / brut

vollständig / unvollständig

complet / incomplet

dr Tag / d Nacht

dia / nit

tot / läbig

mort / viu

breit / schmal

ample / estret

ässbar / nid ässbar

comestible / immenjable

bös / fründlich

dolent / amable

uffreggt / glangwilt

entusiasmat / entediat

dick / dünn

gros / prim

zerscht / zletscht

primer / darrer

dr Fründ / dr Find

amic / enemic

voll / läär

ple / buit

hart / weich

dur / tou

schwer / liecht

pesant / lleuger

dr Hunger / dr Durscht

gana / set

chrank / gsund

malalt / sà

illegal / legal

il·legal / legal

intelligänt / gatz

intel·ligent / ximple

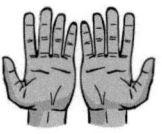

links / rächts

esquerra / dreta

nöch / wiit weg

prop / llunyà

neu / bruucht
....
nou / usat

nüt / öpis
....
res / quelcom

alt / jung
....
vell / jove

ah / uss
....
encès / apagat

offe / zue
....
obert / tancat

lislig / luut
....
silenciós / sorollós

riich / arm
....
ric / pobre

richtig / falsch
....
correcte / incorrecte

rau / glatt
....
aspre / suau

truurig / glücklich
....
trist / content

churz / lang
....
curt / llarg

langsam / schnäll
....
lent / ràpid

nass / trochä
....
humit / sec - eixut

warm / chalt
....
calent / fred

dr Chrieg / dr Friede
....
guerra / pau

0

Null

zero

1

eis

u

2

zwei

dos

3

drü

tres

4

vier

quatre

5

foif

cinc

6

sächs

sis

7

sibe

set

8

acht

vuit

9

nün

nou

10

zäh

deu

11

elf

onze

12

zwölf

dotze

13

drizäh

tretze

14

vierzäh

catorze

15

füfzäh

quinze

16

sächzäh

setze

17

siebzäh

disset

18

achtzäh

divuit

19

nünzäh

dinou

20

zwänzg

vint

100

Hundert

cent

1.000

Tuusig

mil

1.000.000

Million

milió

Änglisch

anglès

Amerikanischs Änglisch

anglès americà

Chinesisch Mandarin

xinès mandarí

Hindi

hindi

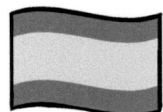

Spanisch

espanyol

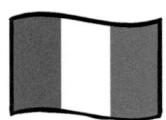

Französisch

francès

Arabisch

àrab

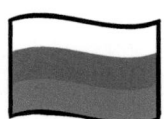

Russisch

rus

Portugiesisch

portuguès

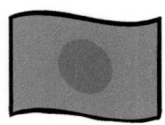

Bengalisch

bengalí

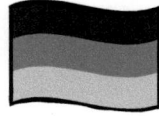

Dütsch

alemany

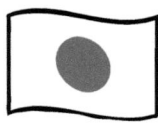

Japanisch

japonès

ich
jo

du
tu

är / sie / es
ell / ella / allò

mir
nosaltres

ihr
vosaltres

sie
ells

wär?
qui?

was?
què?

wie?
com?

wo?
on?

wänn?
quan?

Name
nom

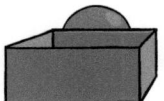

hinder
....
darrere

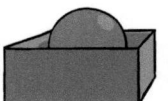

in
....
en

vor
....
davant de

über
....
damunt

uf
....
sobre

under
....
sota

näbe
....
al costat

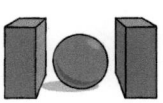

zwüsche
....
entre

dr Ort
....
lloc